Expresar mi agradecimiento a mi familia por estar siempre ahí. A mis amigos, a todos los animales y a mis mascotas, por ese amor incondicional que me dan y me dieron.

A cada uno de mis alumnos, por todo lo que me han enseñado sobre las diferencias durante todos estos años.

Y un agradecimiento especial a mis lectores, quienes dan vida a estas páginas. Espero que las aventuras de Cubi y sus amigos les hayan traído tantas sonrisas como a mí escribirlas.

Gracias por acompañar a estos amigos en sus aventuras y por recordar que la diversidad enriquece nuestras vidas.

Los primeros rayos de sol comenzaron a entrar por la ventana del salón. Cubi dormía plácidamente en su cama preferida. Le encanta que el sol le dé en sus orejotas y sentirlas calentitas.

Era comienzo de primavera, desde el ventanal se podía ver el campo de amapolas y los olivos, también a Blaqui, la hurraca, que le gusta mucho pasearse por delante del ventanal e ir a ver a Cubi.

—Clic, Clic.

—¡Cubiiiii! ¡Cubiiii! ¡Ehhhhhh!

Cubi abrió el ojo y vio a Blaqui dando pequeños saltitos de un lado para otro mientras picoteaba en el cristal.

—Pfffff, ya estás otra vez...

—¿No ves que estoy durmiendo?

»Vete a buscar a otros pájaros, sabes que los perros no somos amigos de las aves, solo de perros.

Cubi se giró en su cama, cerró los ojos y siguió durmiendo. Blaqui se entristeció, Cubi no quería ir con ella a jugar y contemplar los campos de flores. Cogió impulso y retomó su vuelo hasta perderse en el horizonte.

Cubi siguió durmiendo tranquilamente durante horas, hasta que de repente empezó a escuchar mucho jaleo en la entrada de casa.

Las voces de alegría resonaban por la entrada de la casa y el pasillo. Las niñas correteaban, papá y mamá reían a carcajadas. Cubi abrió los ojos, notaba un olor diferente, salió de su cama y empezó a olisquear hasta la puerta del pasillo.

−¡Este olor no me es familiar! ¿Pero qué está pasando aquí?

La puerta se abrió bruscamente.

−¡Ay ay ay! ¡Por todos los dioses! ¿Qué es esto?

Pinky entró correteando, se acercó a Cubi y puso su morrito junto a su hocico.

−¡Oinc, oinc!

−Ehhhhhhh.

−¡Oinc, oinc, oinc!

Mientras Cubi no salía de su asombro, su familia hacía fotos, las niñas corrían de un lado para otro, llamando a Pinky. Cubi estaba sorprendido, aturdido, y decidió salir corriendo al pasillo. Las niñas fueron detrás de él.

–Cubi, ¡ven a conocer a Pinky! Mira qué bonita es –gritaban las pequeñas–. ¡Cubiiiii, pero ven aquí!

–¡Vamos, Pinky! –exclamó Candela–. Ven que te presento a Cubi. Desde ahora vais a ser amigos.

Cubi empezó a caminar rápido dirigiéndose hacia la puerta de salida. Alba lo cogió en brazos.

–¡No tengas miedo de Pinky!, ya sé que al principio hacer amigos es difícil, pero seguro que os lo vais a pasar genial juntos. Jugaréis, y vais a compartir mil aventuras.

Cubi se tranquilizó con el abrazo de Alba, era un perrito muy miedoso y vergonzoso.

—¿Qué tengo que hacerme amigo de un cerdo? ¡Pero, pero...! ¿Qué va a vivir en nuestra casa? ¿Con nosotros?

—¡Oinc, oinc!

—Perdona, no soy un cerdo. Soy una cerdita, me llamo Pinky. Ozú, ¿qué te pasa?

—Pero bueno... ¡Si también habla!

—¿Qué te habías creído? Pues claro que hablo, vengo de Sevilla, mi arma.

—¿Sevilla?, yo soy de Galicia, mi familia fue hasta allí a adoptarme.

—Anda, pues a mí me han traído en una furgoneta. Soy una cerdita vietnamita.

—Ehhhh, ¡qué lío!

—¿Eres de Sevilla o de Vietnam?

–Ozú, no te enteras. Soy de Sevilla, pero parte de mi familia es de Vietnam.

–Pero.... ¡No hablas vietnamita!

–Oinc, oinc... –resopló Pinky–. Claro que no, hablo igual que tú.

–¡Y eres rosa! –exclamó Cubi.

–Mi arma, pues claro que soy rosa. No todos los cerditos son negros. Soy una minipig y muy rosa.

–¡Mirad! –comentó mamá–. Parece que ya se están haciendo amigos.

A Pinky le pusieron una camita en forma de casita, era de color lila, llena de preciosos dibujos de cerdito, vacas, ovejas y cabritas. Le encantaba meterse en su cama y dar vueltas. Su juego preferido comenzó a ser hacer la croqueta por el pasillo. Mientras, Cubi la miraba con indiferencia, no le gustaba mucho su presencia. Le molestaban sus oinc, oinc y sus pezuñitas al caminar.

La hora de la comida y la cena comenzó a ser una pesadilla. Pinky se alimentaba de cereales, semillas y fruta, pero le encantaba robar el pienso de Cubi. Él se enfadaba, le gruñía y le daba con su pata, pero Pinky siempre movía su hociquito y se iba dando saltitos mientras se llevaba las bolitas de pienso a su cama para comérselas tranquilamente.

—Oye, Cubi, qué ricas están tus bolitas.

—Te he dicho que no me las quites– gruñía Cubi–. Tus cereales a mí no me gustan nada.

—¡Ay, Cubi! –suspiró Pinky–. Es que yo quiero comer de todo.

—Y yo, pero no podemos.

—¿Escuchas eso? –susurró Pinky.

—¿El qué?

—Suena como una rueda, y alguien que no soy yo está royendo.

—Ahhh, ¡es eso! Seguro que es Bolita.

—¿Bolita?

—Sí.

—¿Quién es Bolita?

—Ven que te lo enseño.

Cubi y Pinky se dirigieron sigilosos hacia la habitación de Candela. Cubi sabía que si pegaba un empujón se abriría y así lo hizo. Entraron despacito, la habitación tenía mucha luz y la ventana estaba abierta. Cubi se dirigió hacia la mesa de estudio.

—¡Mira, Pinky!

—Ese que está en esa jaula es Bolita.

—¡Oyeeeeeeeee, ehhhhhhh, aquí abajo!

Cubi se puso a dos patas, apoyándose en la mesa. Pinky lo intentaba, pero no podía. De repente el ruido de la rueda paró. Y una bolita de pelo muy pequeña con los ojitos muy brillantes abrió su puerta y se dirigió hacia ellos.

—¡Privet!

—Ozú, ¿pero qué dice Bolita?

—Tranquila, Pinky, es que sabe hablar dos idiomas.

—Hola, ¿quién eres? —dijo Bolita.

—Soy Pinky, me ha dicho Cubi que tú eres Bolita.

Bolita dio dos vueltas rápidas y un salto hacia atrás.

—Sí, soy Bolita, un hámster ruso.

—Ozú, tú sí que has venido de lejos.

Mientras conversaban, Bolita no paraba de correr, subir y bajar, dar volteretas y esconderse comida en la boca.

—¿Te vas a quedar a vivir con nosotros? —exclamó Bolita.

—¡Claro!, me han adoptado, ahora formaré parte de vuestra familia.

Cubi movió el hocico, se sacudió y se marchó a su cama. Pinky se quedó en la habitación viendo todas las acrobacias que sabía hacer Bolita. Estaba encantada de ver todos sus movimientos circenses.

Los días de primavera fueron pasando, mientras que entre ellos se iba forjando una amistad. Pinky siempre proponía salir a tomar el sol, a Cubi le encantaba y Bolita siempre se subía en su cabeza para más tarde terminar acurrucándose junto a él mientras se dormían.

El verano estaba a punto de llegar, los días eran más largos y el calor empezaba a aparecer. A ninguno de los tres les gustaba mucho el agua, así que se ponían a la sombra. Cubi les contaba todos sus trucos para seguir el rastro de otros animales. Pinky les enseñaba todo lo que estaba aprendiendo con Alba y Candela, a sentarse, dar vueltas, dar la pezuñita, decirle a Bolita palabras en ruso y dar saltos de todas las formas posibles.

—La verdad, me lo paso muy bien con vosotros —comentó Cubi.

—Vaya, vaya, parece que por fin quieres tener amigos que no sean perros.

—A ver..., los perros me gustan mucho, son como yo y me entienden.

—Ozú, olerse el trasero y ladrar. Cubi, puedes tener muchos más amigos, aunque no sean cómo tú, no ladren, no tengan tu tamaño, no coman lo mismo o no hablen igual.

–Spasibo.

–¡Ehhhhhh!

–Grrrrracias –exclamó Bolita–. Me lo paso genial con vosotros.

A la mañana siguiente, mientras estaban tumbados entre el sol y la sombra. Se oyó un ladrido.

–Guau guagagaguaaauuu.

Cubi levantó las orejas y se puso a mover su rabito como si fuera un ventilador. Salió corriendo como una bala. Bolita se cayó y terminó dando una voltereta de las suyas mientras le miraba con cara de asombro.

–Cubi, ¿dónde vas tan rápido? Espera.

Pero Cubi se dirigía corriendo hacia la puerta, se la encontró abierta y salió.

Pinky fue despacio a asomarse, mientras Bolita sentado miraba sorprendido.

Pinky le gritaba:

–¡No salgas, por favor, estamos solos y es peligroso! No está la familia. Ellos siempre nos cuidan y protegen.

–¿Qué hacemos? Ya no lo veo, Bolita.

Blaqui vino volando, y se posó en el suelo al lado de Pinky.

–No os preocupéis, volaré alto y lo encontraré. Me voy, os traeré noticias pronto.

Cogió impulso y comenzó su vuelo, en un segundo dejaron de verla.

Mientras, Bolita y Pinky estaban muy preocupados. La familia al llegar se encontró la puerta abierta. Corrieron a ver qué había sucedido hasta que descubrieron que Cubi no estaba. Alba cogió a Pinky y Candela a Bolita, mientras las acariciaban y las abrazaban.

—Mamá, mira, están muy tristes.

—Ay, ¡tranquilos!, papá ha salido a buscar a Cubi. Seguro que aparece. ¡No sé cómo nos pudimos dejar la puerta abierta!

Las horas pasaban y no había noticias. Todos estaban muy tristes y apenados. Papá, después de recorrer las cercanías, no había encontrado nada. Mamá miraba por la ventana.

De repente se escuchó un ruido en el cristal de la terraza.

—Toc, toc, toc, toc.

Pinky se acercó despacito y vio que era Blaqui.

—¡Pinky, Pinky! —gritaba Blaqui—. ¡Lo he visto, lo he visto! Bajé rápida a hablar con ellos y le dije que estabais muy preocupados. ¡Está con su amiga Quimera!

—Pero, pero… ¡Blaqui! ¿Le ha pasado algo a Cubi?

—No, no le ha pasado nada. Escuchó a su amiga Quimera ladrar y salió a verla. Les gusta mucho salir juntos al campo, esconderse, hacer agujeros. Ya sabes… cosas de perros. Ahora mismo voy a guiarle para que vuelva a casa, ya es tarde.

Blaqui retomó su vuelo y pasado un ratito apareció con Cubi y Quimera. Los dos ladraban en la puerta de casa, mamá abrió la puerta y salió a abrazarlo mientras le decía que no podía irse de casa así, escapándose. Llamaron a la familia de Quimera, su dueña vino rápido a por ella.

—¡Chicos! Me lo he pasado fenomenal con Quimi, pero nos hemos perdido y se nos hizo tarde. Gracias a Blaqui hemos podido llegar a casa —gritaba Cubi muy agitado.

—¡Estábamos muy preocupados, mi arma! —exclamó Pinky.

—¡Cubi!, no puedes hacer esto más, es muy peligrrrrroso. ¡Te hemos echado tanto de menos! —susurró Bolita.

Esa noche, durmieron los tres juntos y decidieron que al día siguiente Cubi les ofrecería a todos bolitas de pienso, de esta manera les daría las gracias.

—¡Amigos...! ¡Sois mis amigos de verdad! Tenían razón Pinky, Bolita, Blaqui y Quimera. Los amigos pueden ser muy diferentes a mí, tanto en el aspecto, como en los gustos, como en los idiomas, como en sus diferentes capacidades, pero se preocupan, me quieren, me ayudan y comparten juegos conmigo.

»ESOS SON LOS AMIGOS. La diferencia entre nosotros no importa.

© María Ángeles Fernández Rodríguez (de la obra)
©Apuleyo Ediciones (de esta edición)
Primera edición en Apuleyo Ediciones: marzo 2025
Diseño de cubierta: Alejandro Bermejo Cercas
Corrección: Aida Ramos
Maquetación: Alejandro Bermejo Cercas
Ilustraciones: Ana Santiago Clemente
Coordinación editorial: Isidoro Cidre González
info@apuleyoediciones.com
www.apuleyoediciones.com
ISBN: 978-84-1060-516-9
Depósito legal: H 618-2024

Hecho e impreso en España.